Essen als Seelenjoker

Michael Bergmann

Coach, Biograf und Autor
aus Stuttgart (geb. 1972)

www.michaelbergmann.de

Bisher bei BoD veröffentlichte Bücher:

„Das Fragen- statt Diät-Buch - Bewussterer
Umgang mit dem Seelen-Joker Essen"
(ISBN: 9783842333024)

„Von der Seele Geschriebenes -
zum Nachdenken und Verschenken"
(ISBN: 9783842353220)

Michael Bergmann

Essen als Seelen-Joker

Das Fragen- s(t)att Diät-Buch als
kompakter Taschen-Coach für unterwegs

Bibliografische Information der Deutschen Nationalbibliothek
Die Deutsche Nationalbibliothek verzeichnet diese Publikation in der Deutschen Nationalbibliografie; detaillierte bibliografische Daten sind im Internet über http://dnb.d-nb.de abrufbar.

BoD
Books on Demand GmbH
Originalausgabe
1. Auflage

ISBN 9783839105368

(c) 2011 Michael Bergmann

Covergrafik illustriert von
Virginia Romo, Stuttgart
www.virginiaromo.com

Umschlaggestaltung, Herstellung und Verlag
Books on Demand GmbH, Norderstedt

Printed in Germany
Alle Rechte vorbehalten

Vorwort zur Kompaktausgabe

Das vorliegende Buch ist die kompakte, und damit sprichwörtlich abgespeckte, Version des Buches „Das Fragen- statt Diät-Buch: Bewussterer Umgang mit dem Seelen-Joker Essen", welches unter der ISBN 9783842333024 erschienen ist.

Die erhaltenen Rückmeldungen zur Originalausgabe haben mich dazu bewogen, beim vorliegenden Buch neben dem handlicheren Format weitere Veränderungen vorzunehmen. Inhaltlich identisch und im Sinn und der Wirkung unverändert, ist für die Variante als eBook nun der Fragenteil optimiert worden. Die Fragen stehen hier nun nicht mehr einzeln pro Seite, um genügend Platz für eigene Eintragungen ins Buch zu haben, sondern aufgelistet nummeriert untereinander.

Ich wünsche Ihnen viel Freude und Erfolg mit diesem Buch. Über Anregungen und Verbesserungsvorschläge freue ich mich per E-Mail unter folgender Adresse: email@essen-als-seelen-joker.de

Ihr Michael Bergmann

Rechtlicher Hinweis

Der Autor dieses Buches ist kein Mediziner oder Therapeut. Die Inhalte basieren auf persönlichen Erfahrungen und erheben trotz der Wirksamkeit keinen wissenschaftlichen Anspruch. Das Buch ersetzt weder einen nötigen Arztbesuch noch eine empfohlene Therapie.

Idee zum Buch

Seit meinem sechzehnten Lebensjahr hatte ich Probleme mit meinem Körpergewicht. Zuvor schlank und völlig natürlich essend nahm ich über Jahre und Jahrzehnte immer mehr (und nach erfolgreichen Diäten immer wieder) Gewicht zu.

Ich wusste irgendwann alles über Lebensmittel und deren Inhaltsstoffe und Kalorienangaben, und doch wusste ich in diesem Zusammenhang nichts über mich und meine Seele. Mein Kopf war voll mit Regeln, Vorgaben und Faktenwissen rund um das Thema Ernährung, doch die weiterhin schleichende Zunahme des Körpergewichts konnte langfristig nichts davon aufhalten. Immer wenn es wieder ein neues Rekordübergewicht gab, hatte ich eine neue Diät ausprobiert und durchgeführt. Mehr oder weniger diszipliniert, aber auch weitestgehend widerwillig nach Diät-Regeln essend, verlor ich zwar jedesmal an Gewicht, welches ich mir aber nach Fallenlassen der vorherigen Vorgaben nach und nach wieder anfutterte.

Jede Diät war für meinen Kopf so schön greifbar und planbar. Sie lieferte Antworten, Methoden und Regeln. Mein Verstand suchte 20 Jahre lang nach immer neuen Erklärungen und Methoden in Büchern und Vorträgen. Und doch hat leider davon nie etwas lange funktioniert. Nichts schien die Verfettung aufhalten zu können. Schließlich erklärte ich mir das ausufernde Gewicht vor allem mit Disziplinlosigkeit, Bewegungsmangel und genetischer Veranlagung.

Doch dann kam alles völlig unerwartet ganz anders als vorher gedacht. Mitten in einer schweren Lebenskrise, während der ich vor allem mit psychischer Belastung und meinen Gefühlen zu kämpfen hatte, bemerkte und verstand ich schließlich, dass sie die eigentlichen Schlüssel zu seinem Ernährungsverhalten waren. Das Essen funktionierte im Spiel meines Lebens als emotionaler Esser quasi als unbewusster „Seelen-Joker", der als Sofortmaßnahme für oder gegen allerlei Emotionen gut sein sollte.
Essen fand bei mir also in einer Art Bewusstlosigkeit statt, gegen die ich etwas unternehmen wollte.

Als erfahrener Coach entdeckte ich das Hinterfragen und Aufschreiben als wirkungsvolle Methode nun auch für mich selbst und meine Ernährungsprobleme. Nach und nach sammelte ich über 150 Themen aus meinem Seelenleben in Form von Fragen zusammen, die ich früher ganz unbewusst immer und immer wieder einzig mit Nahrungsaufnahme zu beantworten versucht hatte.

Wenn ich heute unerklärlichen oder übermäßigen Hunger verspüre, dann laufe ich nicht sofort zum Kühlschrank oder zur Lieblingsschublade, sondern zum Bücherregal. Denn die Sammlung der wirkungsvollen Fragen in diesem Buch verwende ich natürlich auch heute noch selbst. Durch den bewussteren Umgang mit dem Thema Essen lernte ich (und lerne ich immer noch), nur noch dann zu essen, wenn ich körperlich hungrig bin. Selbst wenn das nicht immer zu 100% funktioniert, bin ich mir im Moment des Einsatzes von Essen als „Seelen-Joker" heute darüber bewusst und kann so anders damit umgehen.

Einleitung

Meiner Erfahrung und Überzeugung nach ist beim Übergewicht nicht in erster Linie wichtig was, wann und wie wir essen, sondern vielmehr warum (also wozu und wogegen) wir essen. Der übergewichtige Körper steht stellvertretend für einen unbewussten (quasi bewusst-losen) Lebenswandel, in dem der Verstand, der Wille und die Logik mit Fragen wie „Welcher Teil von mir hat Hunger?" oder „Was brauche ich wirklich?" nichts anzufangen scheinen. Zu oft ist es nur das Gefühl hungrig zu sein, statt des wirklich körperlichen Mangels an Nahrung, der dem Zweck der lebensnotwendigen Selbsterhaltung dient, und mit Magenknurren einhergeht.

Hunger entstand bei mir in den seltensten Fällen wirklich im Bauch, sondern irgendwo anders in mir. Er kam nicht langsam auf und wurde immer stärker, sondern war immer ganz plötzlich da wie ein spontaner Einfall, und verschwand oft auch nicht, selbst wenn der Bauch bis zum Erbrechen voll war.

Ein wirkliches Völlegefühl spürte ich selten, und zufrieden „un-hungrig" war ich nach dem Essen auch fast nie.

Die eigene Erkenntnis über die Funktionsweise des „Seelen-Jokers" war der Wendepunkt für mich, der mir die Augen öffnete. Obwohl ich mehr als oft genug an mein leibliches Wohl dachte, ignorierte ich fast immer mein emotionales Wohl. Meinen Hunger nach Lebendigkeit, Wahrheit und Entwicklung konnte ich genauso wenig durch Essen stillen wie vieles mehr. Heute weiß ich, das belastende Gefühle wie Unzufriedenheit, Scham und Schuld sowie vielen mehr nicht nur die Folge des ungewollten Übergewichts sind, sondern eben auch ihre Ursache. Hinzu kommt meine Einsicht darin, dass der Bauch oder andere Fett ansetzende Körperteile nicht etwa die (Mit-)Verursacher des Übergewichts sind, sondern genau wie ich selbst Betroffene. Sie abzuwerten, macht die Sache also nicht besser.

Essen war für mich über zwei Jahrzehnte die unbewusste Sofortmaßnahme gegen schlechte Gefühle oder zur Herbeiführung guter Gefühle. Nicht etwa der so oft angeführte „innere Schweinehund" (also die Disziplin und das Durchhaltevermögen eine Regel zu befolgen) waren schuld an meinen Kilos, sondern vielmehr der „Seelen-Joker" Essen. Ihn in diesem Buch zu hinterfragen und seine Fragen zu beantworten (ohne gleich zu essen), bedeutet Klarwerden und Loslassen von Gefühlen und Gedanken durch Aufschreiben. Es passiert also eine bewusste Trennung von Gefühlen und Essen (als reaktive Handlung auf Gefühle) durch die dazwischen geschobene Bewusstheit darüber, was genau passiert. Unschöne und belastende Gefühle werden so nicht mehr einfach durch Essen überlagert. Ich kann darauf achten und erfahren, was genau in mir vorgeht, und dem dann ganz gezielt nachgehen. Die Funktionen, die der „Seelen-Joker" für mich bisher hatte, können durch andere Gewohnheiten oder Handlungs-muster ersetzt werden, die gesünder und weniger destruktiv für mich sind.

Auf diese Weise werden die persönlichen Motive des Essens aufgedeckt, man selbst bewusster und achtsamer sich selbst und seinen Gefühlen gegenüber. Aus „füll Dich voll" wird wieder ein „fühl Dich wohl". Statt emotional auszugleichen, bedeutet Essen wieder satt zu werden in seinem eigentlichen Sinne.

Handhabung des Buches

Dieses Buch soll Ihnen mit seinen über 150 Fragen Orientierung geben beim Überdenken und Bewusstwerden Ihrer ganz individuellen Muster und Motive bezüglich des „Seelen-Jokers" Essen.

Genauso wenig wie Sie die Antworten auf dieses Thema bisher in irgendwelchen Ernährungsratgebern finden konnten, will ich Ihnen eine Methode oder Struktur als Regelwerk vorgeben. So wie es keine Kochrezepte in diesem Buch gibt, gibt es auch keine Patentrezepte. Wie der Titel bereits zweideutig verrät, biete ich Ihnen meine Impulse in Form von Fragen satt und Fragen statt eines Diätprogramms an.

Finden Sie so die Antworten, die bereits bisher unbewusst und nicht greifbar in Ihnen steckten. Egal ob Sie das Buch als parallele Unterstützung einer Diät bzw. Ernährungsumstellung verwenden oder einfach für sich genommen nutzen, lassen Sie sich auf die Reisen nach innen so ein, wie sie es mögen und es zu Ihnen passt.

Fragen

1. Was muss(te) ich runterschlucken und (noch) verdauen?

2. Was soll abnehmen, weniger werden oder verschwinden?

3. Welche Rettungsringe wünsche ich mir in den unsicheren Wogen meines Lebens?

4. Was kann ich gegen Unerfülltheit tun, ohne mich abzufüllen?

5. Wie kann ich meinen emotionalen Kern auch ohne eine Schutzhülle aus Speck schützen?

6. Welche Art von Armut oder Not spüre oder befürchte ich, dass ich soviel Reserven aufbaue?

7. Welcher Teil von mir ist unterernährt und droht zu verkümmern oder zu verhungern?

8. Wie kann ich auch außerhalb der Mahlzeiten bissig sein dürfen?

9.   Mit welchen Regeln, Vorschriften und Verboten will ich endlich brechen dürfen, wobei will ich mir endlich alles erlauben?

10.   Was droht auszuufern, wenn es nicht eingedämmt wird?

11.   Welche wirksamen Seelenstreichler kenne ich außer Nahrung?

12.   Welche gefühlte oder erkannte Enge in meinem Leben verlangt nach mehr Platz?

13.   Welche Gefühle und Instinkte übergehe ich mit der Sattheit stellvertretend?

14.   Wie kann ich besser erkennen, dass mein Körper meine Aufmerksamkeit und Achtsamkeit auf sich lenken möchte?

15.   Was droht neben meinem Bauchgefühl noch unter der Fülle zu ersticken?

16.   Wie kann ich sonst Gutes für mich tun und für mich sorgen?

17. Was will ich mir eigentlich zulegen (anstatt Körperfett)?

18. Welches innere (Energie-) Loch will ich stopfen?

19. Welche Spannungen versuche ich durch Essen abzubauen und zu lösen?

20. Wie kann ich sonst an Statur und Profil gewinnen oder eine eindrucksvollere Erscheinung werden?

21. Welche alten inneren Wunden oder Narben sollen verdeckt bleiben oder werden?

22. Welche Stimmen in meinem Kopf will ich beruhigen oder ersticken?

23. Was hat sich in mir alles angestaut und angesammelt, dass ich soviel Stauraum brauche?

24. Wie will ich besser meine persönlichen Akkus aufladen und Speicher auffüllen?

25. Welche Art der Unbeschwertheit fehlt mir eigentlich?

26. Bei was will ich auch rücksichtslos, hemmungslos, gierig oder gefräßig sein?

27. Was in meiner Seele oder meinem Umfeld halte ich fest und kann ich nicht loslassen, ablegen und verabschieden?

28. Welche Benachteiligungen versuche ich durch Essen wett zu machen, welche Verluste auszugleichen?

29. Mit was kann ich mich umhüllen, in was einhüllen, ohne mich zu isolieren und zu vereinsamen?

30. Mit was gehe schon lange schwanger?

31. Was verdränge ich durch den Drang zum Essen?

32. Für was will ich belohnt oder gelobt werden anstatt für leere Teller und Schüsseln?

33. Welche fehlende Balance soll das Essen ausgleichen?

34. Gegen welche Unruhe brauche ich Essen als Beruhigungsmittel?

35. Was will ich endlich gedankenlos, spontan und unvernünftig tun?

36. Was mache ich, obwohl ich es (schon lange) satt habe, was ist mir zu viel?

37. Welche verlässlichen Rituale und Gewohnheiten brauche ich außer den Mahlzeiten?

38. Gegen welche Kälte muss ich mich wärmen und woher kann ich mir die Wärme sonst holen?

39. Welcher Teil von mir braucht (Selbst-) Zuwendung?

40. Welcher gefühlten Ohnmacht gegenüber will ich mächtiger wirken?

41. Wovon möchte ich Nachschlag ohne Aufpreis haben?

42. Was wird mir in meinem Leben von wem erschwert?

43. Was muss ich zur Ausweitung und Entfaltung mehr Raum geben?

44. Was muss gesichert oder gebunkert werden, um es vor Verlust und Diebstahl zu schützen?

45. Wie kann ich mir auch ohne Essen erlauben, eine Ruhepause einzulegen?

46. Für welche Überlastung steht meine Überlast, der Ballast, den ich eingelagert habe?

47. Welches Gefühl bringt mich fast zum Platzen?

48. Welche Grenzen will ich eigentlich übertreten und neu setzen?

49. Für welchen Kummer brauche ich ein fettes Trostpflaster, welche Art der Aufmunterung?

50. Was will ich eigentlich verinnerlichen, mir einverleiben, in mich aufnehmen?

51. Wie kann (s)ich die Individualität und Unverwechselbarkeit meiner Persönlichkeit zeigen ohne meinen Körper zu schädigen?

52. Was will ich mir in Wirklichkeit gönnen dürfen?

53. An was halte ich unnötigerweise so beharrlich und klammernd fest wie an meinen Kilos?

54. Wie kann ich meinen Appetit auf mehr Leben(-digkeit), nach Fülle im Leben statt Fülle im Bauch, stillen?

55. In was beiße ich mich in meinem Leben fest, wo muss ich mich durchbeißen?

56. Für wen will ich etwas vorzuweisen haben oder brauche ich einen Beweis für Wohlstand und Zufriedenheit?

57. Welchen Druck versuche ich zu mindern?

58. Für wen will ich größer, stärker und kräftiger wirken als ich tatsächlich bin?

59. Was in meinem Leben ist zu wenig nach meinem Geschmack?

60. Wem oder was muss ich gewachsen sein?

61. An welchen sinnvollen Tätigkeiten fehlt es mir?

62. Was will ich auch sonst selbst entscheiden und bestimmen dürfen?

63. Wer kriegt von mir nicht endlich sein Fett weg, mit wem mache ich nicht reinen Tisch?

64. Wie kann ich für genug geistige Nahrung sorgen?

65. Was will ich anstelle meines Körpers umgestalten, ohne es zu verunstalten?

66. Was ist so bitter, dass ich es durch Essen und Trinken versüßen muss?

67. Wie kann ich sonst gewährleisten, den Gürtel nicht wieder enger schnallen zu müssen?

68. Welchen Wettkampf versuche ich zu gewinnen, welchen inneren Kampf zu befrieden?

69. Für welche großen Gefühle brauche ich mehr Platz?

70. Welche Dinge oder Argumente sollen gewichtiger werden?

71. Für welche abzufedernden Erschütterungen brauche ich Puffermasse?

72. Welche innere Stabilität will ich durch mehr Fülle herstellen?

73. Was soll in meinem Leben wirklich zunehmen und wachsen?

74. Welche mir aufgeladenen Probleme und Sorgen habe ich verinnerlicht?

75. Was will ich durch sofortiges Vernichten eigentlich unschädlich machen?

76. Wie kann ich meine Möglichkeiten (statt meines Körpers) besser auslasten?

77. Welche (früheren) Entbehrungen tarnen sich als Hunger, wobei bin ich zu oft zu kurz gekommen?

78. Wie kann ich meine Gewissensbisse loswerden, ohne wirklich was zu beißen zu brauchen?

79. Was (ver-)steckt (sich) noch alles in mir?

80. Für wen wollte ich Gestalt annehmen, sichtbarer und wahrnehmbarer sein, um nicht übersehen zu werden?

81. Mit welchen Pfunden will ich wirklich wuchern (welche Begabungen wie einsetzen)?

82. Was kann ich nicht leicht (also einfach) sein lassen?

83. Welchen Überfluss in meinem Leben stellt mein Fett dar?

84. Welche Art von bequemem und weichem Polster brauche ich wofür?

85. Welche Muskeln außer den Kaumuskeln will ich trainieren?

86. Was in mir ist wirklich geschwächt und will gestärkt werden?

87. Wo fehlen Vielfalt und Auswahl in meinem Leben?

88. Wie kann ich die Langeweile, von der ich fürchte zu sterben, anders vertreiben?

89. Wie kann ich tatsächlich nach innerem Wachstum oder innerer Größe streben?

90. Durch was bin ich angefressen?

91. Was möchte ich im Unverstand und ohne Kontrolle tun dürfen?

92. Wie kann ich Substanz schaffen, mir Boden unter meinen Füßen aufschütten?

93. Welche andere Art der Beschäftigung kann mich auch berauschen?

94. Was liegt mir schwer im Bauch?

95. Welche nährenden Momente und Umstände fehlen mir?

96. Auf was muss ich immer und immer wieder herumkauen, an was habe ich zu knabbern?

97. Was sollte nicht ungenutzt bleiben, liegen bleiben, verloren gehen?

98. Wie kann ich mit Angst anders umgehen als zu versuchen, sie schneller vertilgen zu wollen, als sie meine Seele auffressen könnte?

99. Was kann genauso viel Ordnung und Vertrautheit bieten wie ein gedeckter Tisch?

100. Von was muss ich mich durch Essen ablenken, was will ich vergessen, was will ich zerstreuen?

101. Nach welchen wahren Gefühlen hungere ich wirklich?

102. Die Spuren welcher mageren Zeiten sollen überdeckt und damit unkenntlich gemacht werden?

103. Welche Veränderung wäre dringlicher als mein Stoff-Wechsel?

104. Was will ich ohne Einschränkungen und Verzicht ausleben?

105. Welche leisen Töne brauchen einen größeren Resonanzkörper?

106. Was will ich mir nicht länger verbieten oder verwehren (lassen)?

107. Bei was will ich schwach sein oder werden dürfen, nach was spüre ich ein Verlangen?

108. Welche hitzigen Gedanken will ich durch Essen abkühlen?

109. Was in mir will ans Tageslicht kommen, zur Geltung kommen, sich zeigen dürfen?

110. Welchen Mangel fühle oder fürchte ich am eigenen Leib?

111. Was in Seele, Geist oder Herz fühlt sich an wie bis aufs Skelett abgemagert?

112. In welchen Lebensbereichen will ich endlich mal zuschlagen dürfen (statt lieb zu sein)?

113. An was gebe ich mir die gleiche Schuld wie an meinem Gewicht?

114. Welche Leere oder Hohlräume in mir oder meinem Leben möchte ich ausfüllen?

115. Wie kann ich mich und meinen Körper spüren, ohne dafür einen vollen Bauch zu brauchen?

116. Bei was möchte ich so mutig und draufgängerisch sein wie beim Essen?

117. Was würde mir wirklichen Genuss bringen?

118. Was sucht die Sucht nach Essen in der Nahrung?

119. Wozu schaufele ich das Essen wie Kohle in eine Dampflok, die nicht stehen bleiben darf?

120. Wie kann ich mehr Spaß und Freude, Lebenslust und Leidenschaft in meinen Alltag bringen?

121. Wie kann ich meine Gruppen-zugehörigkeit auch außerhalb der Mahlzeiten sicherstellen?

122. Wie kann ich es mir erlauben, auch in der harten (Um-)Welt weich und zart zu wirken?

123. Um was fühle ich mich so betrogen, wie vom Ersatz des Zuckers durch Süßstoff?

124. Welche Wünsche und Ziele möchte ich erreichen, damit ich endlich Sättigung spüren kann?

125. Welche Methoden der Abgrenzung und Distanzierung möchte ich nutzen, ohne mir ein „dickes Fell" anzufressen?

126. Bei was fehlen mir Bewusstheit und Gegenwärtigkeit genauso wie beim Essen?

127. Für welche Bedürfnisse, von denen ich nicht genug bekomme, ist Essen der Ersatz?

128. Was lässt mich daran zweifeln, dass auch zukünftig genug zum Überleben verfügbar sein wird?

129. In was möchte ich auf keinen Fall hineinpassen können?

130. Bei was möchte ich so wirksam sein, wie bei der Schaffung von Fett?

131. Welche schönen Gefühle oder Situationen will ich durch Wiederkäuen reaktivieren?

132. Wie kann ich mich von der Norm der Masse anders abheben als durch meine Körperfülle?

133. Welche Gefühle sind oder waren so unerträglich, dass ich sie begraben muss(te)?

134. Wie kann ich vermeiden, herum geschubst zu werden, ohne mich schwermachen zu müssen?

135. Bei was kann ich Zeit sparen, um mich nicht beim Essen ungeduldig hetzen zu müssen?

136. Wie kann ich meine menschliche Unvollkommenheit akzeptieren, ohne sie ergänzen zu wollen?

137. Was kann ich komplett und restlos erledigen (zu einem Ende bringen), ohne mir dabei zu schaden?

138. Welche Arten von Wertschätzung, Anerkennung und (Selbst-) Liebe brauche ich?

139. Was an Unerwünschtem oder Unerträglichem hat sich in meinem Leben breit gemacht?

140. Womit kann ich eher mein Leben bereichern als meine Fettzellen?

141. Welche Handlungen und Gefühle der Freiheit versklaven mich in Wirklichkeit?

142. Was denke oder drohe ich mir vorzuenthalten; was bleibt mir verwehrt?

143. Wie kann ich Trotz, Ungehorsam und Rebellion anderen Raum geben, um mich was zu widersetzen?

144. Wem will ich beweisen, dass ich viel (er-)tragen kann?

145. Was in meinem Umfeld ist so ungelenkig und unflexibel wie ich in meinem dicker Körper?

146. Was platzt in meinem Leben aus allen Nähten?

147. Wie kann ich unangenehme Dinge an mir abprallen lassen, ohne dass ich mir dazu eine Schutzmauer aus Fett bauen muss?

148. Was stinkt mir so sehr, dass ich es mit Essensduft überlagern will?

149. Was möchte ich in meinem Leben erschaffen, entstehen lassen, aufbauen können?

150. Für welchen Schmerz suche ich mit Nahrung ein Schmerzmittel?

151. Wie kann ich die Schwere meiner Gedanken ziehen lassen?

152. Was bläht sich da in mir auf?